Musterprüfung 2

herausgegeben vom TestDaF-Institut

Hueber Verlag

Quellenverzeichnis

Umschlagfotos: Studenten beim Lernen: © Getty Images/ STOCK4B-RF
Studenten im Hof: © PhotoDisc

Seite 14: Text „Studium per Mausklick" nach Regina Schneider, aus: Plenum Nr. 7, Mai/Juni 2000

Seite 16: Text „Die biologische Uhr. Ergebnisse aus der Chronobiologie" von Professor Martha Merrow/Professor Till Roenneberg in: Universitas, 55. Jg. Dez. 2000 Nr. 654, S. 1148ff

Seite 37: Grafik nach: Statistisches Bundesamt, Wiesbaden 2003 und DSW/HIS 17. Sozialerhebung

Seite 46: Grafik nach: Statistisches Bundesamt, Wiesbaden 2007

Seite 52: Grafik nach: Statistisches Bundesamt, Datenreport 2006, Zahlen und Fakten über die Bundesrepublik Deutschland 2006

Seite 64: Hörtext nach „Marianne und Michel auf dem Campus. Die deutsch-französischen Hochschulbeziehungen und der europäische Arbeitsmarkt" aus: Campus und Karriere, Sendung im Deutschlandfunk vom 25.01.2003. Umgeschrieben und neu aufgenommen für das vorliegende Prüfungsformat vom TestDaF-Institut

Seite 66: Hörtext „Forscher erkunden die Antarktis" mit freundlicher Genehmigung von Dagmar Röhrlich, Köln

Der Verlag weist ausdrücklich darauf hin, dass im Text enthaltene externe Links vom Verlag nur bis zum Zeitpunkt der Buchveröffentlichung eingesehen werden konnten. Auf spätere Veränderungen hat der Verlag keinerlei Einfluss. Eine Haftung des Verlags ist daher ausgeschlossen.

Das Werk und seine Teile sind urheberrechtlich geschützt. Jede Verwertung in anderen als den gesetzlich zugelassenen Fällen bedarf deshalb der vorherigen schriftlichen Einwilligung des Verlags.

Eingetragene Warenzeichen oder Marken sind Eigentum des jeweiligen Zeichen- bzw. Markeninhabers, auch dann, wenn diese nicht gekennzeichnet sind. Es ist jedoch zu beachten, dass weder das Vorhandensein noch das Fehlen derartiger Kennzeichnungen die Rechtslage hinsichtlich dieser gewerblichen Schutzrechte berührt.

8.	7.	6.		Die letzten Ziffern
2023	22	21	20 19	bezeichnen Zahl und Jahr des Druckes.

Alle Drucke dieser Auflage können, da unverändert, nebeneinander benutzt werden.
1. Auflage
© 2008 Hueber Verlag GmbH & Co. KG, 85737 Ismaning, Deutschland
Layout: raphael weber, Recklinghausen
Druck und Bindung: Friedrich Pustet GmbH & Co. KG, Regensburg
Printed in Germany
ISBN 978–3–19–101699–9

Musterprüfung 2
Inhaltsverzeichnis

Vorwort 5

Einführung 7

Prüfungsteile 9

- Leseverstehen (LV): Aufgabenheft und Antwortbogen 9

- Hörverstehen (HV): Aufgabenheft und Antwortbogen 21

- Schriftlicher Ausdruck (SA): Aufgabenheft 33

- Mündlicher Ausdruck (MA): Aufgabenheft 39

Anhang 57

Leseverstehen (LV): Lösungen 59

Hörverstehen (HV): Lösungen und Transkriptionen (Text 1, 2 und 3) 60

Mündlicher Ausdruck (MA): Masterbandmanuskript und Redestimuli 69

Wissenschaftliche Belege.

1) **Frohschammer**, J., Die Phantasie als Grundprincip des Weltprocesses. München, 1877. in 8°. pag. 25. sq.
2) **Frohschammer**, J., Monaden und Weltphantasie.
3) **Reich**, E., Beiträge zur Anthropologie und Psychologie. 2. Auflage.
   Reich, E, Das Leben des Menschen als Individuum. Berlin, 1881.
4) **Frohschammer**, J., Ueber die Genesis der Menschheit und deren geistige Entwickelung in Religion, Sittlichkeit und Sprache.
5) **Frohschammer**, J., Ueber die Genesis der Menschheit. . .
6) **Frohschammer**, J., Ueber die Genesis der Menschheit. . .
7) **Wallace**, A. R., Beiträge zur Theorie der natürlichen Zuchtwahl. Eine Reihe von Essais. Autorisirte deutsche Ausgabe von Adolph Bernhard Meyer. Erlangen, 1870. in 8°. pag. 262. sq.
8) **Frohschammer**, J., Ueber die Genesis der Menschheit. . .
9) **Frohschammer**, J., Ueber die Genesis der Menschheit. . .
10) **Espinas**, A., Des sociétés animales. Etude de psychologie comparée. Deuxième édition. Paris, 1878. in 8°. pag. 282.
11) **Frohschammer**, J., Ueber die Genesis der Menschheit. . .
12) **Frohschammer**, J., Ueber die Genesis der Menschheit. . . pag. 352 sq.
13) **Lippert**, J., Die Religionen der europäischen Culturvölker, der Litauer, Slaven, Germanen, Griechen und Römer, in ihrem geschichtlichen Ursprunge. Berlin, 1881. in 8°. pag. 250.
14) **Frohschammer**, J., Ueber die Genesis der Menschheit. . .
15) **Reich**, E., Die Kirche der Menschheit. Neuwied, 1873. in 8°.
    Reich, E., Die Abhängigkeit der Civilisation von der Persönlichkeit des Menschen und von der Befriedigung der Lebensbedürfnisse. Minden i. W., 1883. in 8°. Tom. II. pag. 127. sq.
    Reich, E., Der Staat der Zukunft. Leipzig, 1879. in 8°.
16) **Löwenhardt**, S. E, Die Identität der Moral- und Natur-Gesetze.
17) **Frohschammer**, J., Ueber die Genesis der Menschheit. . .
18) **Kant**, J., Die Metaphysik der Sitten. Königsberg, 1797. in 8°.
19) **Frohschammer**, J., Ueber die Genesis der Menschheit. . .
20) **Tiberghien**, G., Esquisse de philosophie morale, précédée d'une introduction a la métaphysique. Bruxelles, 1854. in 8°. pag. 221. sq.
21) **Lemoine**, A., De la physionomie et de la parole. Paris, 1865.
22) **Preyer**, W., Die Seele des Kindes. Beobachtungen über die geistige Entwickelung des Menschen in den ersten Lebensjahren. Leipzig, 1882.
23) **Frohschammer**, J., Ueber die Genesis der Menschheit. . .
24) **Renan**, E., De l'origine du langage. Quatrième édition. Paris, 1864.
25) **Tylor**, E. B., Die Anfänge der Cultur. Untersuchungen über die Entwickelung der Mythologie, Philosophie, Religion und Sitte. Unter Mitwirkung des Verfassers ins Deutsche übertragen von J. W. Spengel und Fr. Poski. Leipzig, 1873. in 8°.

Musterprüfung 2

Kein Material auf dieser Seite

Musterprüfung 2

Vorwort

Die „Musterprüfung 2" bietet allen, die den TestDaF – den Test Deutsch als Fremdsprache – ablegen wollen, einen weiteren Aufgabensatz zur Vorbereitung auf die Prüfung.

Dieses Heft enthält erprobte und in ihrer Qualität gründlich überprüfte Testaufgaben. Sie wurden schon in TestDaF-Prüfungen eingesetzt. Der TestDaF gliedert sich in vier Prüfungsteile, die alle absolviert werden müssen:

- Leseverstehen
- Hörverstehen
- Schriftlicher Ausdruck
- Mündlicher Ausdruck

Auf der CD finden Sie die drei Aufgaben des Prüfungsteils Hörverstehen und die sieben Aufgaben des Prüfungsteils Mündlicher Ausdruck. Für Lernende, die sich selbstständig vorbereiten möchten, sind die Transkripte der Texte und Lösungen am Ende des Bandes beigefügt. Lehrkräfte können sich auf www.testdaf.de die allgemeinen Bewertungskriterien anschauen und damit den Lernenden Rückmeldungen zum Leistungsstand geben.

Wenn Sie sich auf den TestDaF vorbereiten wollen, garantieren Ihnen die Aufgaben der Musterprüfungen eine genaue Kenntnis des Testformats. Dies hilft Ihnen in der Prüfung. Der Erfolg beim TestDaF hängt jedoch vor allem davon ab, ob Ihre Fähigkeiten in der deutschen Sprache schon „studiertauglich", also auf den Niveaustufen B2 und C1 des Gemeinsamen europäischen Referenzrahmens für Sprachen sind. Darüber hinaus finden Sie auf den Webseiten des TestDaF-Instituts viele weitere Möglichkeiten zur Vorbereitung:

- Das TestDaF-Institut hat für alle, die sich im Selbststudium vorbereiten, auf www.testdaf.de „Hinweise und Tipps" zusammengestellt (s. „Für Teilnehmende" und dann „Vorbereitung").
- Die Deutsch-Uni Online www.deutsch-uni.com bietet Ihnen umfangreiche Online-Vorbereitungskurse auf das Studium in Deutschland an, bei denen Sie zusätzlich von geschulten Tutoren beraten und beim Lernen unterstützt werden.
- Zu den Online-Kursen finden Sie im Programm des Hueber-Verlags „Fit für den TestDaF", eine Gemeinschaftsproduktion der Ludwig-Maximilians-Universität München, des Goethe-Instituts und des TestDaF-Instituts.
- An vielen Testzentren können Sie Vorbereitungs- oder Trainingskurse besuchen, wenn Sie Ihr Deutsch noch verbessern müssen oder den TestDaF genauer kennenlernen wollen.
- Weltweit können Sie sich an DAAD-Lektoraten beraten lassen und sich an vielen Goethe-Instituten auf den TestDaF vorbereiten. DAAD und Goethe-Institut gehören zusammen mit der Hochschulrektorenkonferenz und mehreren Hochschulen zu den Trägern des TestDaF-Instituts.
- Testaufgaben lassen sich auch bei www.godaf.de bestellen.
- Wer im Tandem mit Muttersprachlern lernen möchte, kann sich darüber auf der Webseite www.slf.ruhr-uni-bochum.de/help/exams/td-de.html informieren.

Alle weiteren Informationen zum TestDaF, zur Anmeldung, zum Ablauf der Prüfung, zu den Prüfungsregeln erhalten Sie auf www.testdaf.de. In vielen Ländern finden Sie unsere Testzentren: sicher auch eines in Ihrer Nähe.

Das TestDaF-Institut wünscht Ihnen beim TestDaF und beim Studium an einer Hochschule in Deutschland viel Erfolg. Mit einem erfolgreich bestandenen TestDaF fängt Ihr Studium in Deutschland an.

Dr. Hans-Joachim Althaus
Leiter des TestDaF-Instituts

Musterprüfung 2

Kein Material auf dieser Seite

Musterprüfung 2		
Einführung	ca. 3 Min.	

Bitte lesen Sie diese Informationen zur Prüfung TestDaF

Liebe Teilnehmerin, lieber Teilnehmer,

Sie haben sich entschieden, den TestDaF abzulegen. Ziel dieser Prüfung ist es, Ihren sprachlichen Leistungsstand für ein Studium an einer Hochschule in Deutschland einzustufen.

Die Prüfung besteht aus vier Teilen:

1. Leseverstehen	Sie bearbeiten 3 Lesetexte mit 30 Aufgaben. Bearbeitungszeit: 60 Minuten (inkl. 10 Minuten Übertragungszeit)
2. Hörverstehen	Sie bearbeiten 3 Hörtexte mit 25 Aufgaben. Bearbeitungszeit: 40 Minuten (inkl. 10 Minuten Übertragungszeit)
3. Schriftlicher Ausdruck	Sie schreiben einen Text zu einem bestimmten Thema. Bearbeitungszeit: 60 Minuten
4. Mündlicher Ausdruck	Sie bearbeiten 7 Aufgaben, d. h. Sie sprechen in 7 verschiedenen Situationen. Bearbeitungszeit: 35 Minuten (inkl. Anleitung)

Bitte verwenden Sie bei der Bearbeitung der Aufgaben einen **schwarzen oder blauen Kugelschreiber**.

Zu den Prüfungsteilen „Leseverstehen" und „Hörverstehen" erhalten Sie jeweils ein Antwortblatt. Am Ende der Prüfungsteile „Leseverstehen" und „Hörverstehen" haben Sie jeweils 10 Minuten Zeit, um Ihre Antworten auf die Antwortblätter zu übertragen. **Nur Lösungen auf den Antwortblättern werden gewertet**.

Bleiben Sie nicht zu lange bei einer Aufgabe, die Sie nicht lösen können.

Wir wünschen Ihnen viel Erfolg!

Musterprüfung 2

Kein Material auf dieser Seite

Leseverstehen

Musterprüfung 2

Zeit: 60 Minuten
Inklusive 10 Minuten für die Übertragung der Lösungen

Kein Material auf dieser Seite

Musterprüfung 2 — Leseverstehen

Anleitung

Zum Prüfungsteil „Leseverstehen" erhalten Sie ein **Antwortblatt**.

Am Ende des Prüfungsteils, das heißt nach 50 Minuten, haben Sie 10 Minuten Zeit, um Ihre Lösungen auf das **Antwortblatt zu übertragen.**

Nur Lösungen auf dem Antwortblatt werden gewertet.

Achten Sie bitte darauf, das Antwortblatt korrekt auszufüllen. Hierzu finden Sie genaue Anweisungen auf dem Antwortblatt.

Informationen rund um das Studium

Sie suchen für sich und Ihre Bekannten Informationen rund um das Studium. Lesen Sie die Anzeigen in der Universitätszeitung. Schreiben Sie den Buchstaben für die passende Anzeige in das Kästchen rechts. Jede Anzeige kann nur einmal gewählt werden. Es gibt nicht für jede Situation eine passende Anzeige. Gibt es für eine Situation keinen passenden Text, dann schreiben Sie den Buchstaben *I*.
Der Text aus dem Beispiel kann nicht mehr gewählt werden.

Sie suchen Informationen

(01)	Sie müssen für Ihr Studium ein Praktikum machen.	**A**	(01)
(02)	Sie möchten sich über Studiengänge im Ausland informieren.	*I*	(02)
1	Sie möchten Ihren neuen PC für das Studium nutzen.		1
2	Sie sind neu an der Uni und suchen Kontakt.		2
3	Ihr deutscher Kommilitone sucht dringend einen Ferienjob.		3
4	Ihre Freundin sucht eine Stelle bei einer Zeitung.		4
5	Ihre Freundin möchte sich optimal auf das mündliche Examen vorbereiten.		5
6	Sie müssen in einem Kurs eine Hausarbeit schreiben.		6
7	Ihre deutsche Studienfreundin schreibt häufig Zeitungsartikel über das studentische Leben.		7
8	Ihr Studienfreund hat Probleme, sich zu konzentrieren.		8
9	Sie wollen sich einen neuen Computer kaufen.		9
10	Zur Prüfungsvorbereitung wollen Sie Ihre Lesestrategien verbessern.		10

Informationen rund um das Studium

A
Engagierte Studierende der Universität haben Initiativen gegründet, um die Verbindung zwischen Theorie und Praxis im Studium zu verbessern. Durch Praktika können schon während des Studiums wertvolle Zusatzqualifikationen für das spätere Berufsleben erworben werden. Infos findet man auf der Homepage der Universität. Firmenkontakte finden sich auch auf den Websites der Universität.

B
„In einem gesunden Körper lebt ein gesunder Geist" – das ist nicht nur eine alte Weisheit, sondern auch der Titel eines neuen Ratgebers von Ute Siehl (€ 15,80). Siehl zeigt, dass die Grundlage geistiger Arbeit richtige Ernährung, genügend Sport und effektive Entspannungsübungen sind. Das Buch wendet sich an alle, die unter mangelnder Aufmerksamkeit leiden, nervös und vergesslich sind und Schwierigkeiten beim Lernen haben.

C
Von Montag bis Donnerstag findet in der Pädagogischen Fakultät jeweils von 10–12 Uhr ein Seminar zum Training von Gesprächsstrategien statt. Themen bzw. Situationen sind u. a. Verhandeln, Konfliktlösung, Prüfungs- und Vorstellungsgespräche. Die Teilnahme für Studierende aller Fachbereiche ist kostenlos.
Anmeldung unter: *Telefon 73-41 13.*

D
Studierende können sich mit einem journalistischen Text zum Thema Jobben neben dem Studium beim *Handelsblatt Junge Karriere* bewerben. Der erste Preis ist mit 2.000 Euro dotiert, der zweite mit 1.000 Euro, der dritte mit 500 Euro. Einsendeschluss ist der 1. Dezember. Einsendungen sind zu richten an *Handelsblatt, Journalistenwettbewerb, Postfach, 40018 Düsseldorf.*

E
Lernen Sie, wie man lernt! Lernen Sie, optimal und effektiv zu studieren. Lernen Sie, wie man die zunehmende Lektüre für das Studium bewältigt, den Lesestoff sinnvoll organisiert und verarbeitet. Unser Wochenendseminar „Glatt durchs Studium" bietet professionelle Anleitung und Arbeiten in Kleingruppen.
Infos gibt es im Studienbüro.

F
Studierende sollten sich gründlich mit den Möglichkeiten vertraut machen, die der Computer für ein effektives Studium bietet. Kurse z. B. zu Textverarbeitung, Datenverwaltung, Tabellenerstellung oder zu statistischen Berechnungen führt das Uni-Rechenzentrum durch. Näheres auf der Homepage des Rechenzentrums unter: *www.RRZK.de.*

G
In der fächerübergreifenden Übung „Recherchieren, Formulieren, Zitieren" kann man lernen, wie man gute Seminararbeiten verfasst, moderne Medien einsetzt und Ergebnisse adäquat zu Papier bringt. Das Angebot gilt für alle, die noch etwas dazulernen wollen.
Mehr Infos unter: *post@bundesakademie.de.*

H
In den meisten Fachbereichen werden in der letzten Semesterferienwoche von der Fachschaft Erstsemestereinführungen angeboten. Diese bieten nicht nur wertvolle Informationen und Hilfen rund ums Studium, sondern stellen auch eine tolle Gelegenheit dar, neue Leute kennenzulernen. Also unbedingt hingehen! Die Termine findest du bei deiner Fachschaft.

Studium per Mausklick

Wegbereitend in Sachen virtuelle Hochschule sind die USA. Auch in Kanada und in Großbritannien arbeitet man seit längerem an Konzepten für virtuelle Hochschulen. Mittlerweile hat die Idee auch in Deutschland Konjunktur. Manch medienbegeisterter Professor sieht bereits den Tag nahen, an dem Vorlesungen in Hörsälen und Sprechstunden im Büro überflüssig werden.

In Deutschland ist zuerst die FernUniversität in Hagen zu nennen, die als Archetypus des Fernstudiums einen Teil ihrer Seminare und Vorlesungen im Internet anbietet und mehr als 6.000 Studierende in ihrem „Lernraum Virtuelle Universität" vorweisen kann. Sie arbeitet außerdem zurzeit an der Entwicklung eines Systems, mit dessen Hilfe sich Studierende individuell Stundenpläne aus den Angeboten aller europäischen Online-Universitäten zusammenstellen können. Bereits 1996 hat das Virtual College Berlin-Brandenburg neue Lehr- und Lernformen mithilfe von Telekooperation und Multimedia-Techniken erprobt: Seine Immatrikulierten konnten begleitend zu traditionellen Seminaren und Vorlesungen per Internet auf Lernmaterialien zugreifen. Außerdem konnten sie elektronisch in Kontakt mit ihren Lehrkräften und Mitstudierenden treten und an multimedialen Übertragungen von Lehrveranstaltungen zwischen verschiedenen Hochschulorten in Berlin und Brandenburg teilnehmen. Multimedia im Fernstudium soll traditionellen Arbeitsweisen durch Lernen am Bildschirm neue Dimensionen verleihen.

Diese ergänzende Verknüpfung realer und virtueller Lernorte bevorzugen die meisten Hochschulen. Das vorrangige Ziel besteht meist darin, durch den Einsatz neuer Informations- und Kommunikationstechnologien die Qualität der Lehre zu erhöhen und Erststudium sowie Weiterbildung zu verbessern. Die meisten virtuellen Hochschulen in Deutschland prüfen ihre Studierenden jedoch noch im realen Raum und unter Anwesenheit von Aufsichtspersonal. Das liegt daran, dass geeignete internetbasierte Prüfungssysteme praktisch noch nicht genügend zur Verfügung stehen. Außerdem sind Fragen der Testsicherheit bislang nicht ausreichend geklärt.

In Bayern haben sich die neun staatlichen bayerischen Universitäten und 16 Fachhochschulen zur Virtuellen Hochschule Bayern (vhb) zusammengeschlossen. Sie ist keine eigenständige Institution, sondern soll das vorhandene Potenzial ausschöpfen und optimieren. Unter www.vhb.org stehen 45 Lehrangebote mit durchschnittlich je 25 Stunden zur Auswahl. Mit der Konzentration auf die Fachbereiche Ingenieurwissenschaften, Informatik, Medizin und Wirtschaft will sich die vhb von den traditionellen Hochschulen abgrenzen, die nur sehr langsam auf Bedarfsänderungen auf dem Arbeitsmarkt reagieren können. Die vhb will neben Erststudium auf lebenslange Weiterbildung setzen und durch internationale Partnerschaften weltoffen sein. Sie ist insofern klar markt- und wettbewerbsorientiert, obschon sie grundsätzlich nicht auf Profit abzielt.

Mit der virtuellen Hochschule lässt sich jedoch durchaus Geld verdienen. Das hat man besonders in den USA entdeckt. Daher wehren sich dort einige Hochschullehrkräfte gegen Online-Angebote, weil sie die fortschreitende Kommerzialisierung an ihren Universitäten befürchten. Sie möchten Qualität gewahrt und die Entwicklung der Lernsoftware in den Händen ihrer Fakultäten wissen. Die angemessene Aufbereitung von Lehrmaterialien für das Internet verlangt fachlichen und pädagogischen Sachverstand und ist zudem kostspielig. Der Einsatz neuer Medien eröffnet sicherlich die Chance, Reformprozesse an den Hochschulen voranzutreiben und die Qualität der Lehre zu verbessern. Allerdings kommen Studien in den USA zu dem Schluss, dass der direkte Kontakt zwischen den Studierenden sowie zwischen Studierenden und Lehrenden ein integraler Bestandteil universitärer Ausbildung ist. Online-Lehre kann zudem nur dann von hoher Qualität sein, wenn sie regelmäßig einer Evaluierung unterzogen wird. Man darf nicht außer Acht lassen, dass Studierende als Menschen angesprochen sein wollen und sich als Mitglieder einer lernenden Gemeinschaft fühlen wollen.

Lesen Sie den Text und lösen Sie die Aufgaben.

Die biologische Uhr

Die Chronobiologie ist ein moderner Zweig der Biologie, der der Frage nachgeht, wie sich Organismen an die zeitliche Ordnung ihrer Umgebung anpassen. Schon im 18. Jahrhundert erkannten Naturforscher, dass Tagesrhythmen nicht passive Antworten auf Licht und Dunkel sind, sondern harmonische Anpassungen zwischen einer inneren Rhythmik und dem Rhythmus des astronomischen Tages. Im 20. Jahrhundert hat die Wissenschaft die grundlegenden Gesetze der „inneren Tagesuhr" erforscht und in den letzten Jahren ist das Interesse an der Chronobiologie stark gewachsen.

Erforscht wird der Tagesrhythmus durch chronobiologische Experimente. Dabei lebt die Versuchsperson in der Regel in einer „Wohnung" ohne Fenster, Uhr, Radio oder Fernseher – also in vollkommener Isolation – und teilt sich den Tag selbst ein. Viele Versuchspersonen durchleben in dieser Situation, in der nur ihre innere Uhr den Tag organisiert, extrem lange Tage. Bei den meisten von ihnen dauern sie etwa 25 Stunden, bei manchen jedoch bis zu 50. Keine der Versuchspersonen bemerkt die teils großen Abweichungen vom (äußeren) 24-Stunden-Tag. Obwohl ihre Wachzeit bis zu 33 Stunden dauern kann (bei 17 Stunden Schlaf), essen sie die gleiche Menge, verteilt auf drei Mahlzeiten, und gehen genauso oft auf die Toilette wie an normalen Tagen. An den langen Tagen verlangsamen sich ihre physischen und psychischen Funktionen, aber ohne eine Uhr merken sie es nicht.

Unter konstanten Versuchsbedingungen über einen längeren Zeitraum kommt jedoch der endogene, d. h. der von innen geschaffene Tagesrhythmus zum Vorschein, der meist erstaunlich gleichmäßig ist. So wurde über einen Versuchszeitraum von drei Jahren bei einem blinden Affen ein Aktivitätsrhythmus von 24 Stunden mit nur wenigen Minuten Abweichung beobachtet. Man spricht daher auch von einer „circadianen" Uhr.

Wie sich die circadiane innere Uhr in den 24-Stunden-Tag einordnet, also synchronisiert, hängt davon ab, ob sie in der zeitlichen Isolation schneller oder langsamer läuft. Bestimmt wird diese unterschiedliche „Geschwindigkeit" innerer Uhren durch Gene und ist somit angeboren. Auf Grund dieser Gene gibt es sogenannte Morgenmuffel und Frühaufsteher. Sie werden in der Umgangssprache auch gern mit Namen aus der Vogelwelt bedacht: „Eulen" und „Lerchen".

Während erstere problemlos an Wochenenden mehrere Stunden länger schlafen, auch wenn sie jeden Werktag früh aufstehen, wachen Lerchen werktags bereits vor dem Wecker auf und schlafen auch an Wochenenden nicht länger. Allerdings werden sie abends früher müde. Da Chronotypen genetisch bedingt sind, zeigen Lerchen und Eulen ihre Eigenschaften schon als Kleinkind. In der Pubertät sind Jugendliche aus Gründen der Entwicklung allerdings tendenziell Eulen. Für Kinder ist ein wichtiger sozialer Zeitgeber der morgendliche Schulbeginn. Die Tatsache, dass sie früh aufstehen müssen, um zur Schule zu gehen, bedeutet also, dass sie den Tag vor ihrem inneren Morgen beginnen. Schon eine Verschiebung des Schulbeginns um eine halbe Stunde führt zu weniger Verspätungen, deutlichen Leistungsverbesserungen und zu einer geringeren Krankheitsanfälligkeit. Obwohl dies internationale Langzeitstudien empirisch belegen, wurden bislang keine Konsequenzen für die Gestaltung unseres täglichen Lebens gezogen.

Da die individuelle innere Uhr vom 24-Stunden-Tag abweicht, muss sie täglich neu gestellt werden. Diese Synchronisation innerer Uhren erfolgt mit Hilfe von Umweltsignalen, die das Gehirn wahrnimmt und nach denen es den Tagesrhythmus einstellt. Unter diesen Orientierungshilfen spielt Licht die wichtigste Rolle. Die innere Uhr wird aber auch durch andere Signale wie beispielsweise die Außentemperatur gestellt.

Wird nun über längere Zeit der individuelle Lebensrhythmus unterdrückt, kann dies weitreichende Folgen haben. Schichtarbeiter beispielsweise müssen nachts arbeiten und leben somit gegen ihre innere Uhr, da sich diese durch den Schichtwechsel nicht umstellt. Nachtschichtarbeiter sind also zu einer Zeit aktiv, in der ihr Körper auf Ruhe und Schlaf eingestellt ist. Die Konzentrationsfähigkeit ist nachts am geringsten und die Augen sind besonders lichtempfindlich. Der Magen ist nachts nicht auf Verdauung eingestellt, aber tags, wenn Schichtarbeiter schlafen, bleibt er mit hohem Säuregehalt leer. All diese Faktoren können zu chronischen Krankheiten führen. Ein Leben gegen die innere Uhr ist deshalb der Gesundheit langfristig abträglich.

Lesetext 3: Aufgaben 21–30

Markieren Sie die richtige Antwort.

		Ja	Nein	Text sagt dazu nichts	
(01)	Die Anpassung der Organismen an die zeitliche Einteilung der Umwelt ist noch weitgehend unerforscht.		X		(01)
(02)	Die Chronobiologie arbeitet eng mit der Astronomie zusammen.			X	(02)
21	Bei einem chronobiologischen Experiment haben die Versuchspersonen regelmäßig Kontakt zur Außenwelt.				21
22	Die Dauer eines Tages ist individuell unterschiedlich.				22
23	Die circadiane Uhr umfasst ungefähr einen Tag.				23
24	Ob jemand morgens gern früh aufsteht oder lieber länger schläft, hängt von den Erbanlagen ab.				24
25	Frühaufsteher sind nach dem Aufwachen selten müde.				25
26	Mit dem Begriff „Chronotypen" werden Morgenmuffel und Frühaufsteher unterschieden.				26
27	Um in der Schule mehr leisten zu können, sollten Kinder und Jugendliche morgens früher aufstehen.				27
28	Die innere Uhr orientiert sich an Umweltfaktoren.				28
29	Wer sich nachts nicht konzentrieren kann, sollte den Magen nicht belasten.				29
30	Erkenntnisse der Chronobiologie haben die moderne Medizin beeinflusst.				30

Übertragen Sie jetzt Ihre Lösungen auf das Antwortblatt.

Kein Material auf dieser Seite

Musterprüfung 2 — Leseverstehen

Kein Material auf dieser Seite

Hörverstehen

Musterprüfung 2

Zeit: 40 Minuten
Inklusive 10 Minuten für die Übertragung der Lösungen

Musterprüfung 2 — Leseverstehen

Lesetext 2: Aufgaben 11–20

Markieren Sie die richtige Antwort (A, B oder C).

(0) Wer gehört zu den Pionieren der virtuellen Hochschule?
Lösung B
A Deutschland
B Nordamerika und England
C Nordamerika und Europa

11. Wie funktioniert der „Lernraum Virtuelle Universität"?
A Als Lernort fungiert die FernUniversität in Hagen.
B Bestimmte Lehrveranstaltungen werden in speziellen Unterrichtsräumen durchgeführt.
C Einige Lehrveranstaltungen können online besucht werden.

12. Wozu soll das neue System an der FernUniversität in Hagen dienen?
A Man erhält automatisch Stundenpläne von allen europäischen Online-Universitäten.
B Man kann sich damit an europäischen Online-Universitäten immatrikulieren.
C Man kann sich damit passende Lehrveranstaltungen der europäischen Online-Universitäten aussuchen.

13. Welche Funktion haben die elektronischen Angebote der deutschen Hochschulen?
A Der herkömmliche Unterricht wird dadurch ergänzt.
B Die Hochschulen können effektiver zusammen arbeiten.
C Die Studierenden brauchen keine Lehrveranstaltungen mehr zu besuchen.

14. Welches wichtige Ziel verfolgen die Hochschulen?
A Die Kommunikationstechnologie wird deutlich verbessert.
B Die Studienangebote werden verbessert.
C Sie können Studierende intensiv auf den modernen Arbeitsmarkt vorbereiten.

15. Warum prüfen deutsche virtuelle Hochschulen noch ganz traditionell?
A Das Aufsichtspersonal ist noch nicht geschult in internetgestützten Systemen.
B Die Anwesenheit von Aufsichtspersonal ist praktischer.
C Internetgestützte Prüfungen sind zurzeit noch nicht sicher genug.

16. Worauf hat sich die Virtuelle Hochschule Bayern spezialisiert?
A Sie bietet internationale Lehrveranstaltungen in vielen Fächern online an.
B Sie bietet virtuell Intensivkurse von ca. 25 Unterrichtsstunden an.
C Sie bietet virtuell Lehrveranstaltungen in ausgewählten Studiengängen an.

17. Wodurch unterscheiden sich die traditionellen Hochschulen von der virtuellen Hochschule?
A Sie orientieren sich weniger an der Arbeitsmarktlage.
B Sie sind in erster Linie der Forschung und Lehre verpflichtet.
C Sie sind nicht profitorientiert.

18. Welche Forderungen erheben einige US-amerikanische Professoren?
A Die Lernsoftware soll den Fakultäten mehr finanzielle Vorteile bringen.
B Sie verlangen gute Lernsoftware unter der Aufsicht der Fakultäten.
C Sie wollen mehr Qualität der Lehre statt kommerzieller Lernsoftware.

19. Was spricht gegen die virtuelle Universität?
A Eine regelmäßige Evaluation der Lehre ist nicht möglich.
B Kommunikation untereinander ist nicht möglich.
C Online-Lernen ist zu sehr von der Technik abhängig.

20. Was spricht vor allem für das Online Studium?
A Die Kommerzialisierung der Bildung.
B Die Vielfalt des Lehrangebots.
C Niedrigere Kosten und Effizienz des Studiums.

| Seite 2 | Musterprüfung 2 | Hörverstehen |

Kein Material auf dieser Seite

Musterprüfung 2 — Hörverstehen

Anleitung

Sie hören insgesamt drei Texte.

Die Texte 1 und 2 hören Sie einmal, den Text 3 hören Sie zweimal.

Schreiben Sie Ihre Lösungen zunächst hinter die Aufgaben.

Am Ende des Prüfungsteils „Hörverstehen" haben Sie 10 Minuten Zeit, um Ihre Lösungen auf das **Antwortblatt zu übertragen.**

Kein Material auf dieser Seite

Musterprüfung 2 — Hörverstehen

Hörtext 1: Aufgaben 1–8

Sie sind in der Küche des Studentenwohnheims und hören ein Gespräch zwischen zwei Studentinnen. Sie hören dieses Gespräch **einmal**.

Lesen Sie jetzt die Aufgaben 1–8.

Hören Sie nun den Text. Schreiben Sie beim Hören die Antworten auf die Fragen 1–8. Notieren Sie Stichwörter.

Der Ferienjob

(0)	Wo war Maria gerade?	(0)	*In der Jobvermittlung*
1	Mit welchem Verkehrsmittel verreisen die Jugendlichen?	1	
2	Was bereitet Maria für den Abend vor?	2	
3	Was für einen Kurs braucht man für die Bewerbung?	3	
4	Mit wem spricht man nach der Bewerbung?	4	
5	Was muss man nach dem Interview tun?	5	
6	Welche Arbeitsmöglichkeiten gibt es außer dem Job als Reiseleiter? **Sie müssen zwei Punkte nennen.**	6	
7	Wer bestimmt, wo die Studenten arbeiten?	7	
8	Warum kann Lisa dieses Jahr nicht für den Reiseveranstalter arbeiten?	8	

Kein Material auf dieser Seite

Sie hören ein Interview mit drei Gesprächsteilnehmern über deutsch-französische Hochschulbeziehungen. Sie hören dieses Interview **einmal**.

Lesen Sie jetzt die Aufgaben 9–18.

Hören Sie nun den Text.
Entscheiden Sie beim Hören, welche Aussagen richtig oder falsch sind.
Markieren Sie die passende Antwort.

Deutsch-französische Hochschulbeziehungen

		Richtig	Falsch	
(0)	Frau Schulz hat einen Studienabschluss aus zwei Ländern.	X		(0)
9	Herr Haag ist erst seit Kurzem im deutsch-französischen Austausch tätig.			9
10	Der deutsch-französische Studentenaustausch ist insgesamt zahlenmäßig ausgeglichen.			10
11	Frau Schulz hat den größten Teil des Studiums in Frankreich verbracht.			11
12	Deutsche und französische Studenten sind im Durchschnitt etwa gleich alt.			12
13	Frau Schulz findet, dass Studenten in Deutschland zu viele Freiheiten haben.			13
14	Frau Schulz meint, dass die Studienorganisation in Frankreich positive Aspekte hat.			14
15	Das Doppeldiplom ist für Frau Schulz die wichtigste Qualifikation auf dem Arbeitsmarkt.			15
16	Frau Schulz möchte später als Journalistin im Ausland arbeiten.			16
17	Die deutsch-französische Hochschule stellt Kontakte zwischen Absolventen und Arbeitgebern her.			17
18	Außerhalb von Deutschland und Frankreich finden die Studienabgänger nur schwer eine Stelle.			18

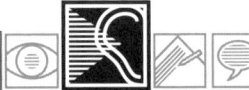

Kein Material auf dieser Seite

Musterprüfung 2 — Hörverstehen — Seite 9

Hörtext 3: Aufgaben 19–25

Sie hören ein Interview mit dem Geologen Norbert Roland über eine Forschungsexpedition in die Antarktis. Sie hören dieses Interview **zweimal**.

Lesen Sie jetzt die Aufgaben 19–25.

Hören Sie nun den Text ein erstes Mal.
Beantworten Sie beim Hören die Fragen 19–25 in Stichworten.

Forscher erkunden die Antarktis

(0)	Welchen Teil der Antarktis haben die Forscher untersucht?	(0)	*Einen Gebirgszug im Osten der Antarktis* **oder** *die Prince Charles Mountains*
19	Welches Ziel verfolgte die Expedition?	19	
20	Weshalb arbeiteten Deutschland und Australien bei dieser Expedition zusammen?	20	
21	Was verursachte den Zerfall des Urkontinents Gondwana?	21	
22	Welche Erkenntnis brachte eine frühere Expedition im Jahr 1937?	22	
23	Was war der Auslöser für die beginnende Abkühlung der Antarktis?	23	
24	Wodurch hat ein Gebirgszug im Westen der Antarktis zur Vereisung beigetragen?	24	
25	Was wollen die Forscher über den Lambert-Graben herausfinden?	25	

**Ergänzen Sie jetzt Ihre Stichwörter. Sie hören jetzt den Text ein zweites Mal.
Sie haben nun 10 Minuten Zeit, um Ihre Lösungen auf das Antwortblatt zu übertragen.**

Musterprüfung 2 — Hörverstehen
Antwortblatt — 10 Min.

Sie haben **10 Minuten Zeit**, um Ihre Lösungen auf das Antwortblatt zu übertragen.

Das Etikett rechts aufkleben → Etikett

Lösungen Hörtext 1

#	
1	
2	
3	
4	
5	
6	
7	
8	

Hier bitte *nicht* schreiben

	r	f	nb
1	☐	☐	☐
2	☐	☐	☐
3	☐	☐	☐
4	☐	☐	☐
5	☐	☐	☐
6	☐	☐	☐
7	☐	☐	☐
8	☐	☐	☐

Lösungen Hörtext 2

	Richtig	Falsch
9	☐	☐
10	☐	☐
11	☐	☐
12	☐	☐
13	☐	☐
14	☐	☐
15	☐	☐
16	☐	☐
17	☐	☐
18	☐	☐

Bitte markieren Sie die <u>richtige</u> Antwort mit einem – **schwarzen oder blauen** – Kugelschreiber!

Markieren Sie so: ☒

NICHT SO: ⊠ ⊠ ☒ ☑ ⊡

Wenn Sie **korrigieren** möchten, füllen Sie das falsch markierte Feld ganz aus: ■ und markieren dann das richtige Feld: ☒

Musterprüfung 2 — Hörverstehen
Antwortblatt

	Hier bitte *nicht* schreiben		
	r	f	nb
19	☐	☐	☐
20	☐	☐	☐
21	☐	☐	☐
22	☐	☐	☐
23	☐	☐	☐
24	☐	☐	☐
25	☐	☐	☐

Schriftlicher Ausdruck

Musterprüfung 2

Zeit: 60 Minuten

Kein Material auf dieser Seite

Musterprüfung 2	Schriftlicher Ausdruck
Anleitung	ca. 5 Min.

Bitte lesen Sie zuerst diese Anleitung zum Prüfungsteil „Schriftlicher Ausdruck".

Sie sollen einen Text zum Thema „Studieren und arbeiten" schreiben. Hierbei sollen Sie zwei Grafiken beschreiben und das Thema sachlich diskutieren.

Achten Sie dabei auf Folgendes:

- Schreiben Sie einen zusammenhängenden Text.
- Der Text soll klar gegliedert sein.
- Bearbeiten Sie alle Punkte der Aufgabenstellung.
- Achten Sie auf die Zeit: Für diesen Prüfungsteil haben Sie 60 Minuten Zeit.
- Beschreibung der Grafiken: Nehmen Sie sich maximal 20 Minuten. Geben Sie die wichtigsten Informationen der Grafiken wieder.
- Argumentation: Nehmen Sie sich nicht mehr als 40 Minuten. Wichtig ist, dass Sie Ihre Argumente begründen.
- Bei der Bewertung Ihrer Leistung ist die Verständlichkeit des Textes wichtiger als die sprachliche Korrektheit.

Schreiben Sie bitte auf den beigefügten Schreibbogen.

Für Entwürfe oder Notizen können Sie das beigefügte Konzeptpapier verwenden.

Gewertet wird nur der Text auf dem Schreibbogen.

Bitte geben Sie am Ende des Prüfungsteils „Schriftlicher Ausdruck" sowohl Ihren Schreibbogen als auch Ihr Konzeptpapier ab.

Wenn der Prüfer bzw. die Prüferin Sie auffordert umzublättern und die Aufgabe anzusehen, dann haben Sie noch 60 Minuten Zeit.

Studieren und arbeiten

Man hat festgestellt, dass die Studierenden in Deutschland durchschnittlich ca. die Hälfte ihres Geldes durch eine Erwerbstätigkeit neben dem Studium verdienen. Immer wieder wird diskutiert, ob es richtig ist, dass Studierende nicht nur studieren, sondern auch parallel zum Studium jobben.

Musterprüfung 2	Schriftlicher Ausdruck	Seite 5
Schreiben Sie einen Text zum folgenden Thema	60 Min.	

„Studieren und arbeiten"

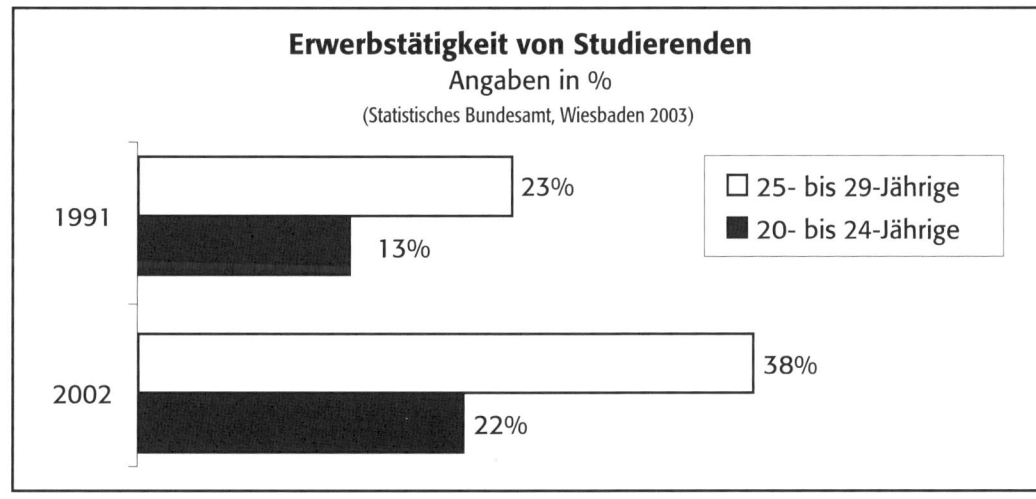

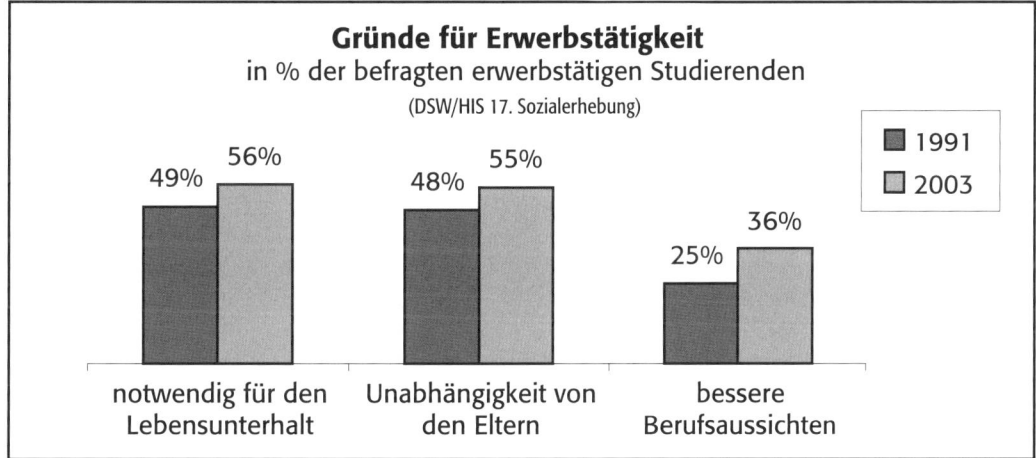

Beschreiben Sie,
- wie sich der Anteil der erwerbstätigen Studierenden im Laufe der Zeit verändert hat und
- welche Veränderungen bei der Begründung für eine Erwerbstätigkeit festzustellen sind.

Bei der Diskussion der Frage, ob die Studierenden neben dem Studium jobben sollen, gibt es recht unterschiedliche Meinungen.

Die Studierenden sollen sich mehr auf ihr Studium konzentrieren, damit sie es schneller beenden und dem Arbeitsmarkt früher zur Verfügung stehen.

Praktische Berufserfahrung ist wichtig, um Theorie und Praxis zu verbinden. Das erhöht dann nach dem Studium die beruflichen Chancen.

- Geben Sie die beiden Meinungen mit eigenen Worten wieder.
- Nehmen Sie zu beiden Aussagen Stellung und begründen Sie Ihre Meinung.
- Gehen Sie auch auf die Situation in Ihrem Heimatland ein.

Seite 6 | Musterprüfung 2 | Schriftlicher Ausdruck

Kein Material auf dieser Seite

Mündlicher Ausdruck

Musterprüfung 2

Zeit: 30 Minuten
Zusätzlich 5 Minuten für die Anleitung

Seite 2 | Musterprüfung 2 | Mündlicher Ausdruck

Kein Material auf dieser Seite

Im Prüfungsteil „Mündlicher Ausdruck" sollen Sie zeigen, wie gut Sie Deutsch sprechen.

Dieser Teil besteht aus insgesamt sieben Aufgaben, in denen Ihnen unterschiedliche Situationen aus dem Universitätsleben vorgestellt werden. Sie sollen sich zum Beispiel informieren, Auskunft geben oder Ihre Meinung sagen.

Jede Aufgabe besteht aus zwei Teilen: Im ersten Teil wird die Situation beschrieben, in der Sie sich befinden, und es wird gesagt, was Sie tun sollen. Danach haben Sie Zeit, sich darauf vorzubereiten, was Sie sagen möchten.
Im zweiten Teil der Aufgabe spricht „Ihr Gesprächspartner" oder „Ihre Gesprächspartnerin". Bitte hören Sie gut zu und antworten Sie dann.

Zu jeder Aufgabe gibt es zwei Zeitangaben: Es gibt eine „Vorbereitungszeit" und eine „Sprechzeit".

Die „Vorbereitungszeit" gibt Ihnen Zeit zum Nachdenken, z. B. eine halbe Minute, eine ganze Minute, bis zu drei Minuten.

Sie: Vorbereitungszeit

In dieser Zeit können Sie sich in Ihrem Aufgabenheft Notizen machen.

Nach der „Vorbereitungszeit" hören Sie „Ihren Gesprächspartner" oder „Ihre Gesprächspartnerin", danach sollen Sie sprechen. Dafür haben Sie je nach Aufgabe zwischen einer halben Minute und zwei Minuten Zeit.

Sie: Sprechzeit

Es ist wichtig, dass Sie die Aufgabenstellung berücksichtigen und auf das Thema eingehen. Wenn Sie dazu aufgefordert werden, sagen Sie, was Sie zum Thema denken. Bewertet wird nicht, welche Meinung Sie dazu haben, sondern wie Sie Ihre Gedanken formulieren.

Die Angabe der Sprechzeit bedeutet nicht, dass Sie so lange sprechen müssen. Sagen Sie, was Sie sich überlegt haben. Hören Sie ruhig auf, wenn Sie meinen, dass Sie genug gesagt haben. Wenn die vorgesehene Zeit für Ihre Antwort nicht reicht, dann ist das kein Problem. Für die Bewertung Ihrer Antwort ist es nicht wichtig, ob Sie Ihren Satz ganz fertig gesprochen haben. Es ist aber auch nicht notwendig, dass Sie nach dem Signalton sofort aufhören zu sprechen.

Ihre Antworten werden aufgenommen. Bitte sprechen Sie deshalb laut und deutlich.

Vielen Dank.

Für Ihre Notizen

| Musterprüfung 2 | Mündlicher Ausdruck | Seite 5 |

Aufgabe 1

Auf der Internetseite des Deutschen Akademischen Austauschdienstes (DAAD) haben Sie gelesen, dass der DAAD ein internationales Austauschprogramm mit Studierenden aus vielen Ländern anbietet. Sie interessieren sich für dieses Programm und rufen beim DAAD an.

Stellen Sie sich vor.
Sagen Sie, warum Sie anrufen.
Fragen Sie nach Einzelheiten zum Austauschprogramm.

Sie: Vorbereitungszeit

Frau Wiebe:

Sie: Sprechzeit

| Seite 6 | Musterprüfung 2 | Mündlicher Ausdruck |

Für Ihre Notizen

Sie treffen Matthias, einen Studienkollegen, im Gemeinschaftsraum Ihres Studentenwohnheims. Dort wollen sie gemeinsam einen Film sehen. Bevor der Film beginnt, fragt Matthias Sie nach den Fernsehgewohnheiten in Ihrem Heimatland.

Beschreiben Sie,
– **ob viele Menschen in Ihrem Heimatland einen Fernseher haben,**
– **wie viel Zeit die Menschen dort täglich vor dem Fernsehapparat verbringen,**
– **welche Art von Fernsehsendungen in Ihrer Heimat sehr beliebt oder bekannt sind.**

Sie: Vorbereitungszeit

Matthias:

Sie: Sprechzeit

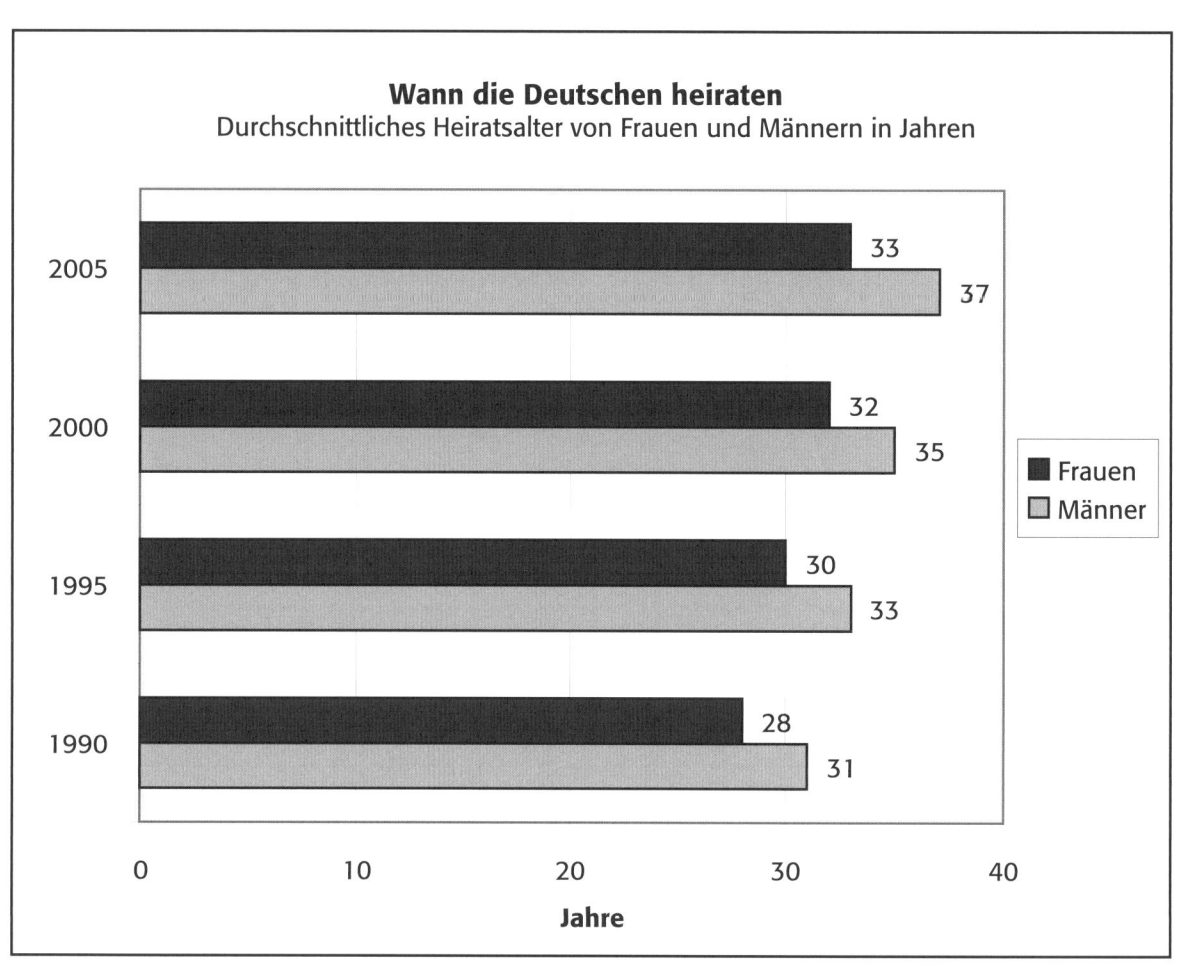

Wann die Deutschen heiraten
Durchschnittliches Heiratsalter von Frauen und Männern in Jahren

- 2005: Frauen 33, Männer 37
- 2000: Frauen 32, Männer 35
- 1995: Frauen 30, Männer 33
- 1990: Frauen 28, Männer 31

Jahre

Nach: Statistisches Bundesamt, Jahrbuch 2007, Wiesbaden 2007

Musterprüfung 2 — Mündlicher Ausdruck

Aufgabe 3

In Ihrem Landeskundekurs sprechen Sie über Familienstrukturen in Deutschland. Ihre Dozentin, Frau Dr. Weigel, stellt allen Kursteilnehmern eine Grafik zur Verfügung, die die Veränderung des Heiratsalters in Deutschland zeigt. Frau Weigel bittet Sie, die Grafik zu beschreiben.

**Erklären Sie den anderen Kursteilnehmern zunächst den Aufbau der Grafik.
Fassen Sie dann die Informationen der Grafik zusammen.**

Sie: Vorbereitungszeit — 1 Minute

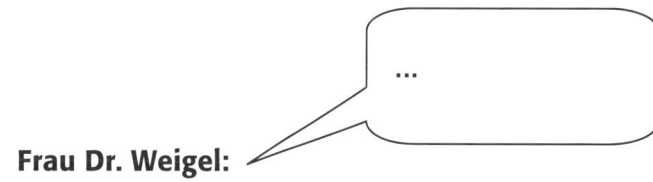

Frau Dr. Weigel: ...

Sie: Sprechzeit — 1 Minute 30 Sekunden

Musterprüfung 2 — Mündlicher Ausdruck

Für Ihre Notizen

Musterprüfung 2 — Mündlicher Ausdruck

Aufgabe 4

An Ihrer deutschen Hochschule wird über die Umstrukturierung von Fachbereichen nachgedacht. In einer Diskussionsveranstaltung zu diesem Thema schlägt ein Teilnehmer Folgendes vor: An Ihrer Hochschule sollen einige geisteswissenschaftliche Fächer gestrichen werden, z. B. Philosophie und fremdsprachliche Studiengänge. Denn auf dem Arbeitsmarkt gibt es für Absolventen dieser Fächer nur wenige Angebote. Die finanziellen Mittel der Hochschule sollen stattdessen in technische Studiengänge fließen.

Sie möchten sich zu diesem Vorschlag äußern. Die Diskussionsleiterin, Frau Prof. Barn, erteilt Ihnen das Wort.

Nehmen Sie Stellung zu dem Vorschlag, geisteswissenschaftliche Fächer zugunsten technischer Fächer zu streichen:
– Wägen Sie die Vorteile und Nachteile dieses Vorschlags ab.
– Begründen Sie Ihre Zustimmung oder Ablehnung.

Sie: Vorbereitungszeit — 3 Minuten

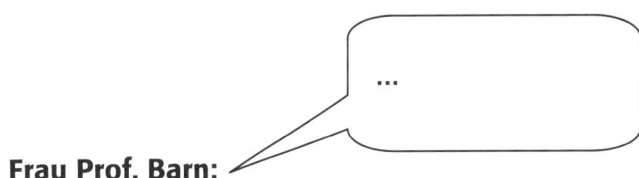

Frau Prof. Barn: ...

Sie: Sprechzeit — 2 Minuten

Musterprüfung 2 — Mündlicher Ausdruck

Für Ihre Notizen

Ihr Freund Simon ist ausländischer Student und kurz vor seinem Studienabschluss in Deutschland. Er hat ein gutes Stellenangebot von einer Firma in Deutschland bekommen. Eigentlich möchte er aber nach dem Studium lieber in sein Heimatland zurückgehen. Leider sind dort die Berufsaussichten nicht so gut. Simon fragt Sie, was er tun soll.

Sagen Sie Simon, wozu Sie ihm raten:
– Wägen Sie Vorteile und Nachteile der beiden Möglichkeiten ab.
– Begründen Sie Ihre Meinung.

Sie: Vorbereitungszeit

Simon:

Sie: Sprechzeit

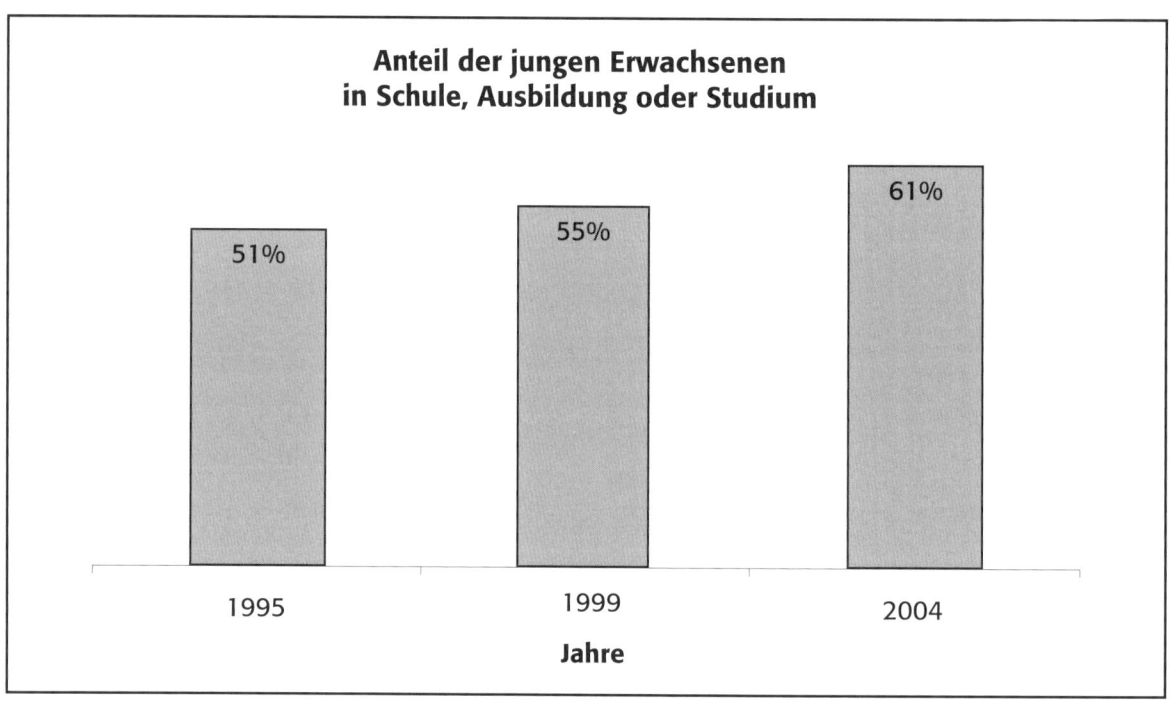

Anteil der jungen Erwachsenen in Schule, Ausbildung oder Studium

- 1995: 51%
- 1999: 55%
- 2004: 61%

Jahre

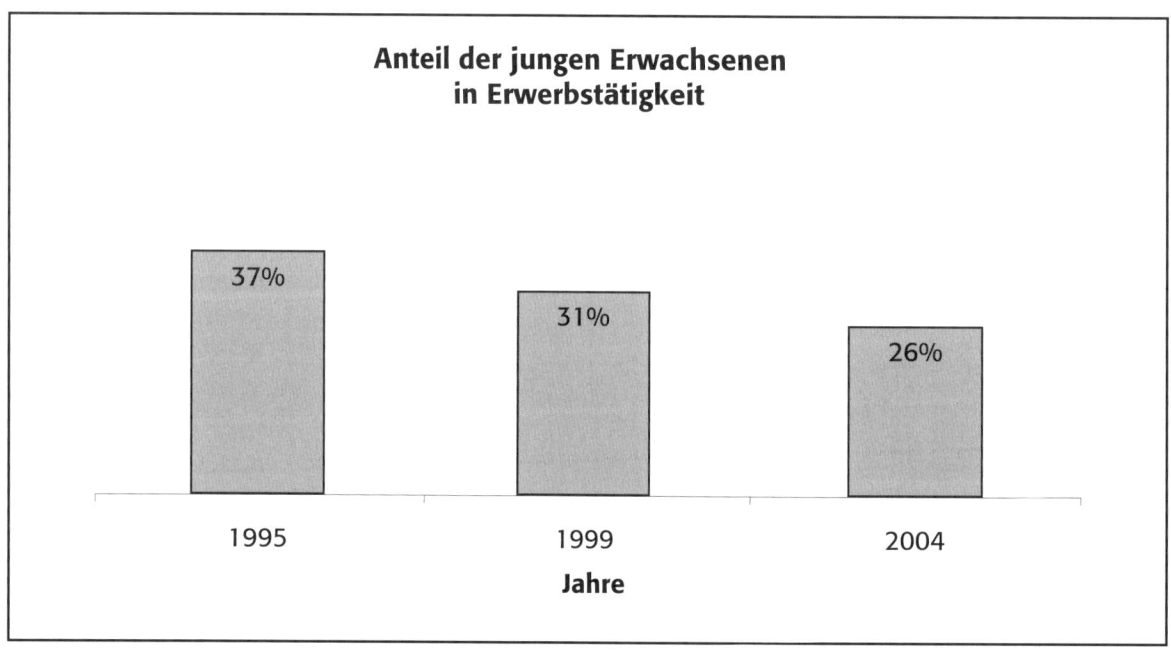

Anteil der jungen Erwachsenen in Erwerbstätigkeit

- 1995: 37%
- 1999: 31%
- 2004: 26%

Jahre

Nach: Statistisches Bundesamt, Datenreport 2006, Zahlen und Fakten über die Bundesrepublik Deutschland, 2006

Musterprüfung 2 — Mündlicher Ausdruck — Seite 15
Aufgabe 6

In Ihrem sozialwissenschaftlichen Seminar sprechen Sie heute über die Erwerbstätigkeit von jungen Menschen in Deutschland. Ihr Dozent, Herr Dr. Krause, hat den Seminarteilnehmern zwei Grafiken ausgeteilt, die den Anteil der 17- bis 25-Jährigen in Schule, Ausbildung oder Studium bzw. in der Berufstätigkeit zeigen. Herr Dr. Krause bittet Sie, anhand der Grafiken Ihre Überlegungen zu Gründen und Folgen dieser Entwicklung vorzutragen.

Nennen Sie mögliche Gründe für die dargestellte Entwicklung.
Stellen Sie dar, welche Auswirkungen Sie für die Zukunft erwarten.
Verwenden Sie dabei die Informationen der Grafiken.

Sie: Vorbereitungszeit — 3 Minuten

Herr Dr. Krause: ...

Sie: Sprechzeit — 2 Minuten

Für Ihre Notizen

| Musterprüfung 2 | Mündlicher Ausdruck |  Seite 17 |

Aufgabe 7

Ihre Freundin Marita sucht ein neues Zimmer. Marita erzählt Ihnen, dass sie im Studentenwohnheim zwei Zimmer zur Auswahl hat. Das eine ist mit einer „Flatrate", das bedeutet, Marita kann so oft und so lange sie möchte ins Internet gehen. Dafür wäre aber die Miete um 20 Euro im Monat teurer als bei dem anderen Zimmer ohne „Flatrate". Marita überlegt, welches Zimmer sie nehmen soll.

Sagen Sie Marita, zu welchem Zimmer Sie ihr raten.
Begründen Sie Ihre Meinung.

Sie: Vorbereitungszeit

Marita:

Sie: Sprechzeit

Musterprüfung 2 — Mündlicher Ausdruck

Kein Material auf dieser Seite

Musterprüfung 2

Kein Material auf dieser Seite

Musterprüfung 2 — Leseverstehen
Lösungen

Lösungen Lesetext 1 (S. 12/13)

	B	C	D	E	F	G	H	I
1					X			
2							X	
3								X
4								X
5		X						
6						X		
7			X					
8	X							
9								X
10				X				

Lösungen Lesetext 2 (S. 14/15)

	A	B	C
11			X
12			X
13	X		
14		X	
15			X
16			X
17	X		
18		X	
19		X	
20		X	

Lösungen Lesetext 3 (S. 16/17)

	Ja	Nein	Text sagt dazu nichts
21		X	
22	X		
23	X		
24	X		
25			X
26	X		
27		X	
28	X		
29			X
30			X

TestDaF

Musterprüfung 2 — Hörverstehen

Lösungen

Lösungen Hörtext 1 (S. 25)

1	(mit dem) Bus/Reisebus/Autobus
2	Abendprogramm/Disko, Film(-abend)/Freizeitaktivitäten/Diskobesuch/Filmvorführung
3	Erste-Hilfe-Kurs/Rote-Kreuz-Kurs/Kurs für Erste-Hilfe
4	(mit) Studenten, die schon als Reiseleiter gearbeitet haben/mit denen, die schon als Reiseleiter arbeiten/(mit) Reiseleitern/(mit) Reisebegleitern
5	(ein 5-tägiges) Seminar besuchen/man muss ein Seminar machen/am Seminar teilnehmen
6	Köchin, Telefonistin/Koch, Telefonist/als Köchin arbeiten oder als Telefonistin
7	die Studierenden (selbst)/die Reiseleiter (selbst)/sie entscheiden selbst/jeder selbst
8	(weil sie) nur zwei Wochen Zeit hat/(man) muss vier Wochen arbeiten/braucht 4 Wochen/ sie hat zu wenig Zeit

Hier bitte *nicht* schreiben

(r / f / nb — alle Felder leer für 1–8)

Lösungen Hörtext 2 (S. 27)

Nr.	Richtig	Falsch
9		X
10	X	
11		X
12		X
13		X
14	X	
15		X
16	X	
17	X	
18		X

Bitte markieren Sie die *richtige* Antwort mit einem – **schwarzen oder blauen** – Kugelschreiber!

Markieren Sie so: ☒

NICHT so: ⨉☐ ☒ ☒ ✓ •

Wenn Sie **korrigieren** möchten, füllen Sie das falsch markierte Feld ganz aus: ■ und markieren dann das richtige Feld: ☒

Musterprüfung 2 — Hörverstehen

Lösungen

	Lösungen Hörtext 3 (S. 29)		**Hier bitte _nicht_ schreiben**		
			r	f	nb
19	die Spuren des Urkontinents zu verfolgen / die Spuren von Gondwana zu verfolgen / Spuren von Gondwana zu finden / Einblicke in Geschichte und Zukunft der Antarktis zu gewinnen	19	☐	☐	☐
20	(um sich die) hohen Kosten zu teilen / Kostenersparnis / (sie haben) gleiche Interessen	20	☐	☐	☐
21	Kräfte im Inneren der Erde / Kräfte, die (tief) im Inneren der Erde wirkten / Kräfte bewegen die Kontinente und verändern die Lage / veränderte Lage der Kontinente / Teile der oberen Erdschicht veränderten ihre Lage	21	☐	☐	☐
22	(dass die Antarktis) nicht immer ein Eiskontinent war / dass es auch wärmere Perioden gegeben hat	22	☐	☐	☐
23	die Abtrennung Australiens (von der Antarktis) / der sog. Zerfallsprozess / Zerfall des Urkontinents / ein Meer entstand / kalter Meeresstrom	23	☐	☐	☐
24	blockierte als Barriere den Austausch der Luftmassen / Barriere für die Luftmassen / hat warme Luftmassen aufgehalten	24	☐	☐	☐
25	die Entstehungszeit / wann er entstanden ist	25	☐	☐	☐

Erläuterung:

„/" Antworten sind alternativ möglich.

„( )" nicht notwendige Angabe.

r = richtig, f = falsch, nb = nicht beantwortet

Es werden auch Lösungen zugelassen, die sinngemäß stimmen.

Grammatikalische Korrektheit wird nur berücksichtigt, wenn das Verständnis erheblich beeinträchtigt oder unmöglich ist.

Musterprüfung 2 — Hörverstehen

Transkription – Hörtext 1

Texte zum Hörverstehen: Hörtext 1 „Der Ferienjob"

Länge: ca. 3 Minuten

Maria:
Hallo Lisa. Ich muss dir was erzählen. Ich komme gerade von der Jobvermittlung. Stell dir vor, ich kann vielleicht in den Ferien einen Job als Jugendreiseleiterin bekommen!

Lisa:
Mensch Maria, toll! Was musst du denn da alles machen?

Maria:
Also, ich mache eine Busreise mit Jugendlichen ins Ausland. Ich fahre mit der Gruppe von Anfang an mit und muss mich um alles kümmern. Ich bin praktisch immer mit den Jugendlichen zusammen, esse mit ihnen und wohne im gleichen Hotel. Ich organisiere die Tagesausflüge und plane außerdem das Abendprogramm, z. B. eine Disco oder einen Filmabend oder so was.

Lisa:
Du machst eigentlich Urlaub und bekommst auch noch Geld dafür, oder? Kann das jeder machen?

Maria:
Im Prinzip schon. Die meisten Reisebegleiter sind Studierende. Man muss aber mindestens 21 Jahre alt sein und einen Erste-Hilfe-Kurs haben. Das sind eigentlich die wichtigsten Voraussetzungen für die Bewerbung.

Lisa:
Hast du denn einen Erste-Hilfe-Kurs?

Maria:
Ja, den habe ich schon letztes Jahr beim Roten Kreuz gemacht.

Lisa:
Ach so. Und äh, jeder, der sich als Reisebegleiter bewirbt, kann dann auch dort arbeiten?

Maria:
Nein, natürlich nicht. Nachdem man sich beim Reiseveranstalter beworben hat, wird man zu einem Interview eingeladen. Da unterhält man sich mit Studierenden, die schon als Reiseleiter gearbeitet haben. Man soll erzählen, was man mit den Jugendlichen machen möchte.

Lisa:
Hm. Und dann?

Maria:
Nach dem Interview entscheidet der Reiseveranstalter, ob man für den Job geeignet ist. Wenn ja, dann muss man noch ein fünftägiges Seminar besuchen. Dort spricht man über verschiedene Themen, z. B. über Jugendschutz, Reiserecht, Reiseorganisation und so weiter. Wenn man das Seminar nicht mitmacht, kann man nicht als Reisebegleiter arbeiten.

Musterprüfung 2 — **Hörverstehen**

Transkription – Hörtext 1

Lisa:
Also das wäre mir zu anstrengend. Gibt es auch andere Jobs?

Maria:
Ja, schon. Aber ich finde diese Jobs nicht so interessant. Du kannst z. B. auch als Köchin arbeiten oder als Telefonistin.

Lisa:
Nee, dann bin ich schon lieber Reiseleiterin. – Und wohin fährt man dann?

Maria:
Das kann jeder Reiseleiter nach dem Vorbereitungsseminar selbst entscheiden. Man bekommt verschiedene konkrete Jobangebote und kann sich aussuchen, wohin man am liebsten möchte.

Lisa:
Im Sommer habe ich noch zwei Wochen frei. Da werde ich mich auch bei dem Reiseveranstalter bewerben.

Maria:
Zwei Wochen sind zu wenig. Im Sommer musst du mindestens vier Wochen arbeiten, wenn du einen Job haben willst.

Lisa:
Schade. Na ja. Vielleicht klappt es ja nächstes Jahr.

Musterprüfung 2 — Hörverstehen

Transkription – Hörtext 2

Texte zum Hörverstehen: Hörtext 2 „Deutsch-französische Hochschulbeziehungen"

Länge: ca. 4,5 Minuten
Nach: Deutschlandfunk, Campus und Karriere, Sendung vom 25.01.2003: „Marianne und Michel auf dem Campus. Die deutsch-französischen Hochschulbeziehungen und der europäische Arbeitsmarkt", http://www.dradio.de/cgi-bin/es/neu-campus/6433.html

Interviewerin:
In unserem heutigen Gespräch geht es um deutsch-französische Hochschulkontakte und Chancen auf dem europäischen Arbeitsmarkt. Dazu begrüße ich meine beiden Gäste Friederike Schulz, Politologin mit einem deutsch-französischen Doppeldiplom, und Dr. Achim Haag, seit Kurzem Generalsekretär der deutsch-französischen Hochschule in Saarbrücken.

Herr Haag, Sie haben auch viele Jahre beim Deutschen Akademischen Austauschdienst gearbeitet und dort das Frankreich-Referat geleitet. Insofern haben Sie sicherlich einen guten Überblick über den Studentenaustausch beider Länder. Wie ist eigentlich das zahlenmäßige Verhältnis – gehen mehr deutsche Studenten nach Frankreich oder kommen mehr Franzosen nach Deutschland?

Herr Haag:
Nun, es gibt ja sehr viele Institutionen, die Austauschprogramme anbieten, und da ist das natürlich im Einzelnen ganz unterschiedlich. Aber ich glaube, insgesamt gesehen, also wenn wir alle EU-Programme zusammen betrachten, kann man schon sagen, dass der Anteil von Deutschen und Franzosen ungefähr gleich ist.

Interviewerin:
Frau Schulz, Sie haben selbst so einen Studienaufenthalt im Nachbarland erlebt – welche Erfahrungen haben Sie denn mit beiden Studiensystemen gemacht?

Friederike Schulz:
Also, ich bin sehr froh, dass ich die Chance hatte, beide Systeme kennenzulernen. Denn ich hab' zuerst zwei Jahre in Deutschland studiert, dann ein Jahr in Frankreich und dann mein Studium hier in Deutschland beendet. Also, ich muss sagen, dass die Hochschulsysteme doch ziemlich unterschiedlich sind. Das fängt schon damit an, dass man in Frankreich nur ein Fach, in Deutschland aber mindestens zwei Fächer studiert. Außerdem sind die französischen Studenten im Vergleich zu den deutschen sehr jung, meistens kaum 20.

Interviewerin:
Und wenn man jetzt die Art zu unterrichten in beiden Ländern vergleichen würde, auch die Freiheiten, die ein Student genießt – was würden Sie dazu sagen?

Friederike Schulz:
Naja, das war schon eine ganz schöne Umstellung, das muss ich ehrlich zugeben. In Deutschland hat man ja eine gewisse Freiheit im Studium. Man kann sich den Stundenplan zusammenstellen wie man will und es wird erwartet, dass man sich den Stoff von einem Seminar selbstständig erarbeitet. Manche fühlen sich dabei allein gelassen und wünschen sich mehr Hilfe von den Dozenten und Professoren.
In Frankreich dagegen ist das Studium deutlich straffer organisiert und mehr vorstrukturiert als in Deutschland. Die Studenten sind es z. B. eher gewohnt, den Stoff präsentiert zu bekommen und sehr viel mitzuschreiben. Eine straffere Organisation hat aber durchaus seine Vorteile, denn man wird durch die Studienplanung nicht überfordert.

Musterprüfung 2 — Hörverstehen
Transkription – Hörtext 2

Interviewerin:
Wie schätzen Sie Ihre beruflichen Aussichten ein? Glauben Sie, dass man mit einem Doppeldiplom bessere Chancen hat auf dem Arbeitsmarkt?

Friederike Schulz:
Es ist sicherlich eine gute Zusatzqualifikation, das ist ganz klar. Aber allein reicht das noch nicht aus. Ganz entscheidend ist, dass man nebenbei noch viele Praktika macht und so Erfahrungen in der Arbeitswelt sammelt. Ich war z. B. in Frankreich zum Praktikum bei der Vertretung der EU-Kommission in Paris – das kommt immer wieder gut an bei Arbeitgebern. Ich will ja Journalistin werden und möchte später mal einen Job im Ausland übernehmen. Ich denke, da kommen mir die Praktikumserfahrungen sicher zugute.

Interviewerin:
Herr Haag, wie beurteilen Sie aus Ihrer Sicht als Generalsekretär der Deutsch-Französischen Hochschule die Karrierechancen Ihrer Absolventen?

Herr Haag:
Also, wir haben da eigentlich sehr positive Erfahrungen gemacht. Die deutsch-französische Hochschule hat schon seit vier Jahren eine Jobbörse, wo junge Studienabgänger mit den Unternehmen zusammengebracht werden. Das sind so 80, 90 Unternehmen, die sich da präsentieren und Interviews mit den Interessenten führen. Die Vermittlungsquote ist erstaunlich hoch. Übrigens ist es gerade die interkulturelle Kompetenz der Absolventen, die gefragt ist und die den Leuten hilft, einen Job zu finden – nicht unbedingt in Frankreich oder Deutschland, sondern häufig auch in einem anderen Land.

Interviewerin:
Ich danke Ihnen für dieses Gespräch.

Musterprüfung 2 — Hörverstehen

Transkription – Hörtext 3

Texte zum Hörverstehen: Hörtext 3 „Forscher erkunden die Antarktis"

Länge: ca. 5,5 Minuten
Nach: SWR2 Wissen, Sendung vom 29.01.2003: „Das Rätsel des sechsten Kontinents – Forscher aus aller Welt erkunden die Antarktis", Autorin: Dagmar Röhrlich, http://db.swr.de/upload/manuskriptdienst/wissen/wi0120031806.rtf und Deutschlandfunk, Forschung aktuell. Aus: Naturwissenschaft und Technik, Sendung vom 28.01.2003: „Uralter Keim der Kontinente. Deutsch-australische Geologengruppe sucht in der Antarktis nach Spuren des Urkontinents Gondwana", Autorin: Dagmar Rohrlich, www.dradio.de/cgi-bin/es/neu-forschak/27654.html

Interviewerin:
Im letzten Jahr ist eine groß angelegte Forschungsexpedition in die Antarktis zu Ende gegangen. Sechs Wochen lang arbeitete eine deutsch-australische Geologengruppe in den Prince Charles Mountains – einem entlegenen und nur schwer zugänglichen Gebirgszug im Osten der Antarktis.

Norbert Roland von der Bundesanstalt für Geowissenschaften und Rohstoffe war Mitglied der Forschungsgruppe und ist heute unser Gast. Herr Roland, was war das Ziel dieser Expedition und wie kam es zu dieser Zusammenarbeit?

Herr Roland:
Für die meisten ist die Antarktis die letzte Wildnis der Erde. Geologisch gesehen ist sie der letzte Teil eines gewaltigen sogenannten vorzeitlichen Kontinents mit Namen Gondwana, zu dem sich Afrika, Indien, Australien, Südamerika und eben die Antarktis verbunden hatten. Wir wollten nun in unserer Expedition die Spuren dieses Urkontinents weiter verfolgen, um tiefere Einblicke in Geschichte und Zukunft der Antarktis zu gewinnen. Gondwana ist längst zerfallen, aber die Antarktis blieb am Pol zurück – seit 16 Millionen Jahren isoliert von allen anderen Landmassen und seit ebenso langer Zeit mehr oder weniger vereist.
Die Tatsache, dass die Antarktis fast völlig von einer kilometerdicken Eisdecke überzogen ist, macht ein Forschungsvorhaben in solch einer extremen Region unvorstellbar teuer. Bedenken Sie nur, welche Ausrüstung für ein Team von 32 Wissenschaftlern benötigt wird! Die Zusammenarbeit mit Australien kam uns insofern sehr gelegen, denn bei diesen enormen Expeditionskosten sucht man nach Kooperationspartnern, die gleiche Interessen haben, um sich auf diese Weise die Kosten zu teilen.

Interviewerin:
Wie ist die Antarktis eigentlich entstanden – war sie immer schon so ein kalter Kontinent wie heute?

Herr Roland:
Wie schon gesagt, war die Antarktis das Herz des Urkontinents Gondwana. Aber bereits vor weit mehr als 100 Millionen Jahren begann Gondwana allmählich zu zerfallen. Der Grund dafür ist der gleiche, der lange zuvor die Landmassen zusammenwachsen ließ. Tief im Inneren der Erde wirkten Kräfte, die Teile der oberen Erdschichten gegeneinander verschoben. Diese Kräfte bewegten also die Kontinente und veränderten deren Lage zueinander. Auf diese Weise lösten sich der Reihe nach Afrika, Indien, Australien und Südamerika von der Antarktis.
Übrigens fand schon 1937 eine Expedition heraus, dass die Antarktis nicht immer ein Eis-Kontinent gewesen ist. Denn die Expeditionsteilnehmer entdeckten damals zu ihrem Erstaunen fossile Überreste von tropischen Pflanzen, dichten Wäldern und sogar von Dinosauriern. Es hat auf dem Kontinent über dem Südpol also durchaus auch lange Phasen mit wärmerem Klima gegeben.

Interviewerin:
Nun stellt sich natürlich die Frage: Wann und aus welchem Grund begann es dann aber in der Antarktis kälter zu werden?

Herr Roland:
Man muss die klimatischen Veränderungen unbedingt im Zusammenhang mit dem eben genannten Zerfallsprozess des Urkontinents sehen. Als entscheidendes Ereignis für den einsetzenden Temperaturrückgang zählt, dass sich Australien von der Antarktis abtrennte. Dieser Prozess begann vor rund 55 Millionen Jahren und führte dazu, dass zwischen beiden Kontinenten ein Meer entstand. Hier bildete sich eine kalte Meeresströmung heraus und die Antarktis begann abzukühlen.
Ein zweiter zentraler Faktor für die Vereisung der Antarktis war der Aufstieg des Transantarktischen Gebirges im Westen des Kontinents. Es entstand vor 34 Millionen Jahren und bildete mit seinen 3000 km Länge und mehr als 3000 Metern Höhe eine wirksame Barriere, die den Austausch der Luftmassen blockierte. Im Landesinneren wurde es kühler und kühler. Die Vereisung selber hat aber auch sicherlich nicht mit einem Schlag stattgefunden, sondern lange geologische Zeiträume benötigt, wobei es immer wieder klimatische Schwankungen gab.
In den Prince Charles Mountains der Antarktis gibt es übrigens heute noch eine mächtige Vertiefung, die das Auseinanderbrechen des Südkontinents beweist: den sogenannten Lambert-Graben. Dieser langgezogene Einschnitt in der Erde ist im Prinzip die Fortsetzung der Bruchlinie, an der sich Australien von der Antarktis trennte. Von dieser Expedition nun erhoffen wir uns unter anderem Aussagen darüber, wann der Lambert-Graben entstanden ist. Die Forschungsergebnisse werden allerdings erst dann vorliegen, wenn wir die Laboruntersuchungen an den vielen Tonnen Gesteinsproben abgeschlossen haben.

Interviewerin:
Herr Roland, herzlichen Dank für das Gespräch.

TestDaF

Musterprüfung 2 — Hörverstehen

Kein Material auf dieser Seite

Mündlicher Ausdruck

Musterprüfung 2

Zeit: 30 Minuten

Masterbandmanuskript

TestDaF, Musterprüfung 2, Prüfungsteil „Mündlicher Ausdruck".

(2 Sek.)

Bevor wir mit der Prüfung beginnen, überprüfen Sie bitte Folgendes:

Ist Ihr Aufnahmegerät bereit?

(5 Sek.)

Funktioniert das Mikrofon?

(5 Sek.)

Wenn es Schwierigkeiten gibt, bitte melden Sie sich!

(8 Sek.)

Bitte drücken Sie nun die Aufnahmetaste Ihres Kassettenrekorders (wenn dies nicht automatisch geschieht) oder starten Sie die Aufnahme per Mausklick auf Ihrem Computerbildschirm.

(2 Sek.)

Wenn es Schwierigkeiten gibt, bitte melden Sie sich!

(5 Sek.)

Bevor wir mit der Prüfung beginnen, benötige ich allgemeine Informationen von Ihnen.

(2 Sek.)

Sie hören nun einen Signalton (SIGNALTON). Bitte nennen Sie nach dem Signalton Ihre Teilnehmernummer.

(Signalton – 8 Sek.)

Nach dem nächsten Signalton nennen Sie bitte das heutige Datum.

(Signalton – 5 Sek.)

Danke. Bitte nehmen Sie nun das Aufgabenheft zur Hand und lesen Sie die allgemeinen Anweisungen auf Seite 3. Ich lese sie Ihnen vor.

(5 Sek.)

Musterprüfung 2	Mündlicher Ausdruck
Masterbandmanuskript	

Im Prüfungsteil „Mündlicher Ausdruck" sollen Sie zeigen, wie gut Sie Deutsch sprechen.

Dieser Teil besteht aus insgesamt 7 Aufgaben, in denen Ihnen unterschiedliche Situationen aus dem Universitätsleben vorgestellt werden. Sie sollen sich zum Beispiel informieren, Auskunft geben oder Ihre Meinung sagen.

Jede Aufgabe besteht aus zwei Teilen: Im ersten Teil wird die Situation beschrieben, in der Sie sich befinden, und es wird gesagt, was Sie tun sollen. Danach haben Sie Zeit, sich darauf vorzubereiten, was Sie sagen möchten.
Im zweiten Teil der Aufgabe spricht „Ihr Gesprächspartner" oder „Ihre Gesprächspartnerin". Bitte hören Sie gut zu und antworten Sie dann.

Zu jeder Aufgabe gibt es zwei Zeitangaben: Es gibt eine „Vorbereitungszeit" und eine „Sprechzeit".

Die „Vorbereitungszeit" gibt Ihnen Zeit zum Nachdenken, z. B. eine halbe Minute, eine ganze Minute, bis zu drei Minuten. In dieser Zeit können Sie sich in Ihrem Aufgabenheft Notizen machen.

Nach der „Vorbereitungszeit" hören Sie „Ihren Gesprächspartner" oder „Ihre Gesprächspartnerin", danach sollen Sie sprechen. Dafür haben Sie je nach Aufgabe zwischen einer halben Minute und zwei Minuten Zeit.

Es ist wichtig, dass Sie die Aufgabenstellung berücksichtigen und auf das Thema eingehen. Wenn Sie dazu aufgefordert werden, sagen Sie, was Sie zum Thema denken. Bewertet wird nicht, welche Meinung Sie dazu haben, sondern wie Sie Ihre Gedanken formulieren.

Die Angabe der Sprechzeit bedeutet nicht, dass Sie so lange sprechen müssen. Sagen Sie, was Sie sich überlegt haben. Hören Sie ruhig auf, wenn Sie meinen, dass Sie genug gesagt haben. Wenn die vorgesehene Zeit für Ihre Antwort nicht reicht, dann ist das kein Problem. Für die Bewertung Ihrer Antwort ist es nicht wichtig, ob Sie Ihren Satz ganz fertig gesprochen haben. Es ist aber auch nicht notwendig, dass Sie nach dem Signalton sofort aufhören zu sprechen.

Ihre Antworten werden aufgenommen. Bitte sprechen Sie deshalb laut und deutlich.

Vielen Dank.

(2 Sek.)

Wir beginnen nun mit dem Prüfungsteil „Mündlicher Ausdruck". Bitte schlagen Sie die Seite 5 des Aufgabenheftes auf.

(2 Sek.)

In der ersten Aufgabe sollen Sie Informationen erfragen. Ich lese Ihnen die Aufgabe vor, Sie lesen sie bitte mit. Danach haben Sie eine halbe Minute Zeit zum Überlegen. Anschließend hören Sie „Ihren Gesprächspartner" bzw. „Ihre Gesprächspartnerin". Dann sprechen Sie. Bei dieser Aufgabe haben Sie eine halbe Minute Zeit zum Sprechen. Ein Signalton (SIGNALTON) zeigt Ihnen an, dass Sie noch fünf Sekunden Antwortzeit haben. Sprechen Sie dann in Ruhe Ihren Satz zu Ende. Danach folgt dann die nächste Aufgabe.

(2 Sek.)

Aufgabe 1

(2 Sek.)

Auf der Internetseite des Deutschen Akademischen Austauschdienstes (DAAD) haben Sie gelesen, dass der DAAD ein internationales Austauschprogramm mit Studierenden aus vielen Ländern anbietet. Sie interessieren sich für dieses Programm und rufen beim DAAD an.

Stellen Sie sich vor.
Sagen Sie, warum Sie anrufen.
Fragen Sie nach Einzelheiten zum Austauschprogramm.

(30 Sek. PAUSE)

Weibliche Stimme:

DAAD. Dagmar Wiebe, guten Tag.

(25 Sek. PAUSE – SIGNALTON – 5 Sek. PAUSE)

Bitte schlagen Sie die Seite 7 auf. Wir kommen nun zu Aufgabe 2. In dieser Aufgabe sollen Sie über Ihr Heimatland berichten.

(2 Sek.)

Bitte lesen Sie die Aufgabe 2. Ich lese sie Ihnen vor. Für diese Aufgabe haben Sie eine Minute Zeit zum Überlegen und eine Minute Zeit zum Sprechen.

(2 Sek.)

Musterprüfung 2   Mündlicher Ausdruck   Seite 5

Masterbandmanuskript

Aufgabe 2

(2 Sek.)

Sie treffen Matthias, einen Studienkollegen, im Gemeinschaftsraum Ihres Studentenwohnheims. Dort wollen sie gemeinsam einen Film sehen. Bevor der Film beginnt, fragt Matthias Sie nach den Fernsehgewohnheiten in Ihrem Heimatland.

Beschreiben Sie,
– ob viele Menschen in Ihrem Heimatland einen Fernseher haben,
– wie viel Zeit die Menschen dort täglich vor dem Fernsehapparat verbringen,
– welche Art von Fernsehsendungen in Ihrer Heimat sehr beliebt oder bekannt sind.

(1 Min. PAUSE)

Männliche Stimme:

Spielt das Fernsehen bei euch eine große Rolle?

(55 Sek. PAUSE – SIGNALTON – 5 Sek. PAUSE)

Schlagen Sie nun die Seiten 8 und 9 auf. Wir kommen nun zu einer Aufgabe, in der Sie eine Grafik beschreiben sollen. Sie finden die Aufgabe 3 auf der rechten Seite, links sehen Sie die Abbildung.

(2 Sek.)

Bitte lesen Sie die Aufgabe 3. Ich lese sie Ihnen vor. Für diese Aufgabe haben Sie eine Minute Zeit zum Überlegen und eine Minute und eine halbe Zeit zum Sprechen.

(2 Sek.)

Aufgabe 3

(2 Sek.)

In Ihrem Landeskundekurs sprechen Sie über Familienstrukturen in Deutschland. Ihre Dozentin, Frau Dr. Weigel, stellt allen Kursteilnehmern eine Grafik zur Verfügung, die die Veränderung des Heiratsalters in Deutschland zeigt. Frau Weigel bittet Sie, die Grafik zu beschreiben.

Erklären Sie den anderen Kursteilnehmern zunächst den Aufbau der Grafik.
Fassen Sie dann die Informationen der Grafik zusammen.

(1 Min. PAUSE)

Weibliche Stimme:

Beschreiben Sie uns doch bitte diese Grafik zum Heiratsalter der Deutschen!

(1 Min. 25 Sek. PAUSE – SIGNALTON – 5 Sek. PAUSE)

Schlagen Sie nun die Seite 11 auf. Wir kommen nun zu einer Aufgabe, in der Sie Stellung nehmen sollen.

(2 Sek.)

Bitte lesen Sie die Aufgabe 4. Ich lese sie Ihnen vor. Bei dieser Aufgabe haben Sie drei Minuten Zeit zum Überlegen und zwei Minuten Zeit zum Sprechen.

(2 Sek.)

Aufgabe 4

(2 Sek.)

An Ihrer deutschen Hochschule wird über die Umstrukturierung von Fachbereichen nachgedacht. In einer Diskussionsveranstaltung zu diesem Thema schlägt ein Teilnehmer Folgendes vor: An Ihrer Hochschule sollen einige geisteswissenschaftliche Fächer gestrichen werden, z. B. Philosophie und fremdsprachliche Studiengänge. Denn auf dem Arbeitsmarkt gibt es für Absolventen dieser Fächer nur wenige Angebote. Die finanziellen Mittel der Hochschule sollen stattdessen in technische Studiengänge fließen.
Sie möchten sich zu diesem Vorschlag äußern. Die Diskussionsleiterin, Frau Prof. Barn, erteilt Ihnen das Wort.

Nehmen Sie Stellung zu dem Vorschlag, geisteswissenschaftliche Fächer zugunsten technischer Fächer zu streichen:
– Wägen Sie die Vorteile und Nachteile dieses Vorschlags ab.
– Begründen Sie Ihre Zustimmung oder Ablehnung.

(3 Min. PAUSE)

Weibliche Stimme:

Ja bitte, Sie möchten dazu etwas sagen?

(1 Min. 55 Sek. PAUSE – SIGNALTON – 5 Sek. PAUSE)

Schlagen Sie nun die Seite 13 auf. In der Aufgabe 5 sollen Sie eine von zwei Alternativen auswählen und sagen, warum Sie diese wählen.

(2 Sek.)

Bitte lesen Sie die Aufgabe 5. Ich lese sie Ihnen vor. Für diese Aufgabe haben Sie zwei Minuten Zeit zum Überlegen und eine Minute und eine halbe Zeit zum Sprechen.

(2 Sek.)

Aufgabe 5

(2 Sek.)

Ihr Freund Simon ist ausländischer Student und kurz vor seinem Studienabschluss in Deutschland. Er hat ein gutes Stellenangebot von einer Firma in Deutschland bekommen. Eigentlich möchte er aber nach dem Studium lieber in sein Heimatland zurückgehen. Leider sind dort die Berufsaussichten nicht so gut. Simon fragt Sie, was er tun soll.

Sagen Sie Simon, wozu Sie ihm raten:
– Wägen Sie Vorteile und Nachteile der beiden Möglichkeiten ab.
– Begründen Sie Ihre Meinung.

(2 Min. PAUSE)

Männliche Stimme:

Was soll ich denn nach dem Studium machen? In Deutschland bleiben oder nach Hause zurückgehen?

(1 Min. 25 Sek. PAUSE – SIGNALTON – 5 Sek. PAUSE)

Schlagen Sie nun die Seite 15 auf. Wir kommen nun zu einer Aufgabe, in der Sie ein Thema diskutieren sollen. Dabei sollen Sie die Daten einer Grafik verwenden. Sie finden die Aufgabe 6 auf der rechten Seite, links sehen Sie die Abbildung.

(2 Sek.)

Bitte lesen Sie die Aufgabe 6. Ich lese sie Ihnen vor. Für diese Aufgabe haben Sie drei Minuten Zeit zum Überlegen und zwei Minuten Zeit zum Sprechen.

(2 Sek.)

Aufgabe 6

(2 Sek.)

In Ihrem sozialwissenschaftlichen Seminar sprechen Sie heute über die Erwerbstätigkeit von jungen Menschen in Deutschland. Ihr Dozent, Herr Dr. Krause, hat den Seminarteilnehmern zwei Grafiken ausgeteilt, die den Anteil der 17- bis 25-Jährigen in Schule, Ausbildung oder Studium bzw. in der Berufstätigkeit zeigen. Herr Dr. Krause bittet Sie, anhand der Grafiken Ihre Überlegungen zu Gründen und Folgen dieser Entwicklung vorzutragen.

Nennen Sie mögliche Gründe für die dargestellte Entwicklung.
Stellen Sie dar, welche Auswirkungen Sie für die Zukunft erwarten.
Verwenden Sie dabei die Informationen der Grafiken.

(3 Min. PAUSE)

Männliche Stimme:

Welche Gründe sehen Sie für diese Entwicklung? Welche Folgen erwarten Sie?

(1 Min. 55 Sek. PAUSE – SIGNALTON – 5 Sek. PAUSE)

Schlagen Sie nun die Seite 17 auf. In der Aufgabe 7 sollen Sie zu einem Vorschlag Ihre Meinung sagen.

(2 Sek.)

Bitte lesen Sie die Aufgabe 7. Ich lese sie Ihnen vor. Bei dieser Aufgabe haben Sie eine Minute und eine halbe Zeit zum Überlegen und eine Minute und eine halbe Zeit zum Sprechen.

(2 Sek.)

Aufgabe 7

(2 Sek.)

Ihre Freundin Marita sucht ein neues Zimmer. Marita erzählt Ihnen, dass sie im Studentenwohnheim zwei Zimmer zur Auswahl hat. Das eine ist mit einer „Flatrate", das bedeutet, Marita kann so oft und so lange sie möchte ins Internet gehen. Dafür wäre aber die Miete um 20 Euro im Monat teurer als bei dem anderen Zimmer ohne „Flatrate". Marita überlegt, welches Zimmer sie nehmen soll.

Sagen Sie Marita, zu welchem Zimmer Sie ihr raten.
Begründen Sie Ihre Meinung.

(1 Min. 30 Sek. PAUSE)

Weibliche Stimme:

Sag mal, meinst du es lohnt sich, das teurere Zimmer zu nehmen?

(1 Min. 25 Sek. PAUSE – SIGNALTON – 5 Sek. PAUSE)

Dies war die letzte Aufgabe. Vielen Dank.

(2 Sek.)

Ende des Prüfungsteils „Mündlicher Ausdruck".

Aufgabe	Stimulus
1. Aufgabe	**Frau Wiebe:** DAAD. Dagmar Wiebe, guten Tag.
2. Aufgabe	**Matthias:** Spielt das Fernsehen bei euch eine große Rolle?
3. Aufgabe	**Frau Dr. Weigel:** Beschreiben Sie uns doch bitte diese Grafik zum Heiratsalter der Deutschen!
4. Aufgabe	**Frau Prof. Barn:** Ja bitte, Sie möchten dazu etwas sagen?
5. Aufgabe	**Simon:** Was soll ich denn nach dem Studium machen? In Deutschland bleiben oder nach Hause zurückgehen?
6. Aufgabe	**Herr Dr. Krause:** Welche Gründe sehen Sie für diese Entwicklung? Welche Folgen erwarten Sie?
7. Aufgabe	**Marita:** Sag mal, meinst du es lohnt sich, das teurere Zimmer zu nehmen?

Musterprüfung 2 — Mündlicher Ausdruck

Kein Material auf dieser Seite